8° V Pièce 31257
N. C.

EXPOSITION

d'Œuvres et Documents de Guerre

du

Service de Santé de la 18e Région

et d'Œuvres d'Artistes mobilisés

au

Centre d'Oto-rhino-laryngologie et de Chirurgie Maxillo-faciale

DÉPOT 28

AF459378

Du 12 Avril au 1er Juin 1919

Terrasse du Jardin-Public

BORDEAUX

CATALOGUE ILLUSTRÉ

Prix : 1f 50

8° V 31257

Nouvelles Galeries

50 à 60, rue Sainte-Catherine, BORDEAUX

Nouveautés Élégantes

Articles de Paris

AMEUBLEMENT

MÉNAGE

LIVRAISONS A DOMICILE DANS TOUTE LA RÉGION

Les plus vastes magasins du Sud-Ouest

TERRASSE DU JARDIN-PUBLIC, BORDEAUX

du 12 Avril au 1er Juin 1919 inclus
de 10 à 12 heures et de 14 à 18 heures

AU PROFIT DES MUTILÉS DE LA FACE DE LA 18e RÉGION

ET SOUS LE PATRONAGE DE

MM. le **Préfet** de la Gironde, le **Général Command**t la 18e Région, le **Médecin-Inspecteur,** Directeur du Service de Santé de la 18e Région, le **Maire** de la Ville de Bordeaux, Madame la **Présidente** et M. le **Délégué régional** de l'**Association des Dames Françaises,** M. le **Professeur Moure** et la **Société des Amis des Arts** de Bordeaux.

EXPOSITION

d'ARCHIVES ET DOCUMENTS DE GUERRE

du Service de Santé

(par MM. Dupas et Guindet, peintres, Wlérick, Chrétien et Hairon, sculpteurs, Séréni, photographe)

d'ŒUVRES D'ARTISTES MOBILISÉS

au Centre d'O.-R.-L. et de Chirurgie maxillo-faciale

et de ***Travaux de Mutilés*** *de la 18e Région*

(*le* ***Jouet Artistique français,*** *dessiné par Job*).

Le Jouet de France, *institué par l'Union Centrale des Arts décoratifs de Paris* (M. François Carnot, président), *collabore à cette Exposition par la présentation des modèles exécutés dans ses ateliers par les Soldats Mutilés de la Guerre.*

PRIX D'ENTRÉE : 1 fr. — Sous-officiers et Soldats : ***0 fr. 50***

Des Carnets de **12** billets sont en vente à l'Exposition au prix de **10** fr.

VERNISSAGE le 12 avril à 14 heures

Sous la présidence de M. le Sous-Secrétaire d'État du Service de Santé

Prix d'entrée : 5 francs

Les 9, 16 et 23 mai, à 15 h. 1/2, dans les salles de l'Exposition et au profit des **Mutilés de la face,** seront organisés des **Concerts de musique de chambre ancienne et moderne.** Prix d'entrée : **8 francs.**

Pour la location, s'adresser à la Maison **Bermond,** facteur de pianos, rue Sainte-Catherine.

Prix de l'abonnement pour les **trois concerts : 20 francs.** (L'abonnement donnera droit à une place réservée.)

L'entrée de l'Exposition sera fermée et les cartes de faveur suspendues les 9, 16 et 23 mai, après-midi.

Le 16 mai, au début du concert, **Conférence de M. P. Berthelot.**

Pendant toute la durée de l'Exposition, vente de billets d'une **Tombola** (prix du billet : **1 franc**) dont les lots sont offerts par le « Jouet de France », le « Jouet artistique français », les artistes exposants : Mlle Mildred Bendall, MM. E. Bourgouin, Ed. Chrétien, J. Dupas, Mme Guindet, MM. Gueit, A. Guindet, Ch. Hairon, F. Labath, L. Lelée, R. Wlérick.

Les œuvres de Mlles Guerry et Tourré ainsi que celles de MM. Cabié, Carme, Delarue, R. Dosque, Gauthier, Lailhaca et Roganeau, offertes par leurs auteurs à la tombola, figurent également à l'Exposition.

TERRACE OF THE PUBLIC-GARDEN, BORDEAUX

From 12th April to 1st June included 1919
From 10 to 12 and 14 to 18 o/c

FOR THE BENEFIT OF THE WOUNDED OF THE FACE

OF THE 18th REGION

AND UNDER THE HIGH PATRONAGE OF

Messrs : the **Prefet** of the Gironde, the **General Commanding** the 18th Region, the **Inspecting Director** of the Army Medical Service 18th Region, the **Mayor** of Bordeaux, Mrs the **President** and the **Regional Delegate** of the **Association des Dames Françaises, Professor Moure** and the **Société des Amis des Arts** de Bordeaux. o o o

EXPOSITION

of **WAR DOCUMENTS** *from the Army Medical-Service*
(by Messrs. Dupas, Guindet, Wlérick, Chrétien, Hairon, Séréni.)

of **WORKS BY ARTISTS MOBILIZED**
at the O.-R.-L. and Plastic maxillo-facial Surgery Hospitals

also ***Works of Mutilated men*** *from the 18th Region,*
the ***Jouet Artistique français*** *(French artistic Toy)*
drawn by Job,

the ***Jouet de France*** *(French Toy) organized by the Union Centrale des Arts décoratifs of Paris (Mr. Fr. Carnot, président) will participate to this Exhibition and will show several models executed by Mutilated Soldiers.*

ENTRANCE PRICE : 1 fr. — Petty Officiers and Soldiers : ***0 fr. 50***
12 tickets to be had for **10** francs

OPENING (VERNISSAGE)

Under the presidence of Mr. the Undersecretary of State of the Army Medical Service,

on 12th April at 14 o/c. — Entrance : 5 francs.

On the 9th, 16th and 23th May, at 15 1/2 o/c in the Exposition rooms and for the benefit of the **Wounded of the Face, Concerts of old and modern chamber Music** will be given. Entrance : **8 francs.**

Booking in advance can be done at Messrs **Bermond,** piano forte dealers, 9, rue Sainte-Catherine.

Subscription for the **three concerts : 20 francs.** (Subscribers being entitled to a reserved seat.

The Exhibition will be closed to all on the 9th, 16th and 23th May in the afternoon.

On the 16th May at the beginning of the Concert, **Lecture by Mr. Paul BERTHELOT.**

Lottery tickets will be on sale during the Exhibition (ticket price : **1 franc.**) The lotts are offered by the « Jouet de France », the « Jouet artistique français » and the exhibiting artists : Miss Mildred Bendall, Messrs : E. Bourgouin, Ed. Chrétien, J. Dupas, Mrs Guindet, Messrs : Gueit, A. Guindet, Ch. Hairon, F. Labath, L. Lelée, R. Wlérick.

The Works of Misses : Guerry and Tourré ; also those of Messrs : Cabié, F. Carme, Delarue, R. Dosque, H. Gauthier, Lailhaca and F. Rogancau offered by the artists to lottery will also be exhibited.

PREMIÈRE SECTION

DOCUMENTS DE GUERRE
DU SERVICE DE SANTÉ

Dessins, photographies, stéréoscopies, moulages et cires exécutés dans les différents services dirigés par M. le Professeur Moure.
(18e Région)

Dans la fièvre des travaux, pendant la guerre, où, avant tout, il fallait agir et réaliser, il était difficile d'exposer au public le résultat des recherches chirurgicales et les découvertes qui se sont continuées sans interruption. Pendant cette période l'intérêt du blessé primait tout, et ce n'est que maintenant, la tourmente apaisée, qu'on peut expliquer l'œuvre considérable et neuve accomplie par les chirurgiens.

Il convient de mettre au premier rang, dans cette Exposition au profit des **Mutilés de la face,** *les œuvres représentant les différentes opérations chirurgicales qui ont permis de réparer leurs mutilations. De tous les blessés de la grande guerre, ce sont peut-être en effet ceux de la face qui, même guéris, semblaient devoir être le plus diminués si on n'avait cherché, par la* **chirurgie plastique,** *à redonner aux visages plus ou moins déchiquetés un aspect normal.*

Dès les premiers mois de la guerre, c'est ce but qu'ont cherché à atteindre un certain nombre de chirurgiens, et ce sont quelques-uns des progrès réalisés dans la reconstitution faciale qui sont présentés à cette Exposition.

En 1914, M. le professeur **W. Dubreuilh** *commença, en même temps que M. le professeur* **Moure,** *à appliquer les principes de cette chirurgie réparatrice, et en 1916 M. le professeur Moure*

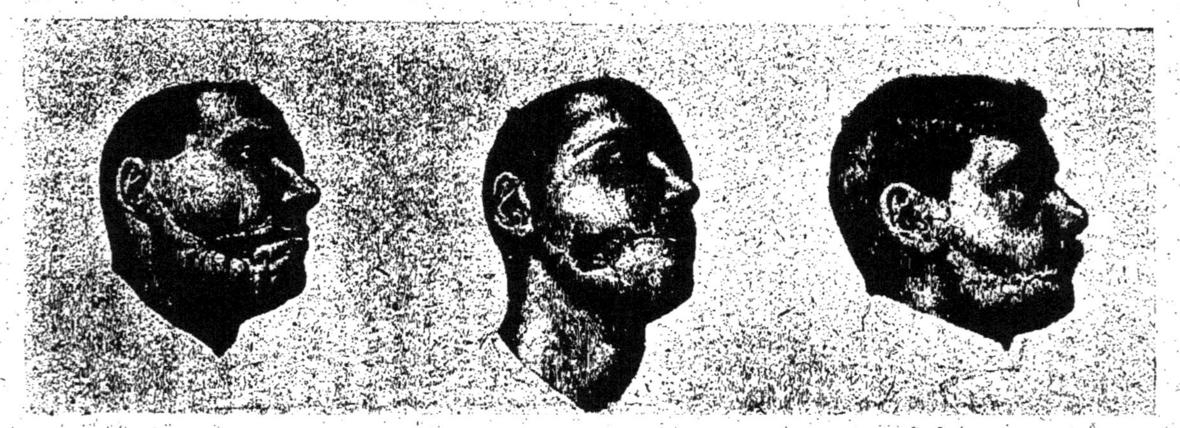

Relèvement des cicatrices de la face par le Professeur MOURE
(Aquarelle de J. DUPAS)

LES PLUS FORTS

LES PLUS PARFUMÉS

LES PLUS ÉCONOMIQUES

142, rue Sainte-Catherine, 142

TÉLÉPHONE 15.98

PIANOS A. BERMOND A.

Le choix le plus important du Sud-Ouest

TOUTES LES GRANDES MARQUES

Location - Réparation Échange

MAISON DE CONFIANCE

Fournisseur du Conservatoire de Bordeaux

Organisateur officiel des Grands Concerts, etc., etc.

SALLE D'AUDITIONS CONFÉRENCES & SOIRÉES

Succursale à **Royan**, 7, rue Gambetta

BORDEAUX : rue Sainte-Catherine, 9

I

ANCIENNE MAISON WATERBURY

Fabrique de Montres Françaises

F. SCHMIDT

29, rue Sainte-Catherine, BORDEAUX

(à côté des Dames de France)

MONTRES OR, ARGENT ET MÉTAL

PIÈCES COMPLIQUÉES

CHRONOMÈTRES - CHRONOGRAPHES RÉPÉTITIONS

QUANTIÈMES EN TOUS GENRES

RÉVEILS ET PENDULES DE VOYAGE

RENSEIGNEMENTS SUR DEMANDE

DEVIS — PROJETS

L'ÉLECTRICITÉ MODERNE

Téléphone nº 25.48

Paul TURBIAUX

29, Allées de Tourny, 29

BORDEAUX

Installations d'Usines et de Châteaux. — Lumière. — Téléphones.
Sonneries. — Monte-Charges. — Ascenseurs Électriques et Mécaniques.
Paratonnerres. — Dynamos et Accumulateurs.
Appareils Électrothérapiques. — Transport de Force.

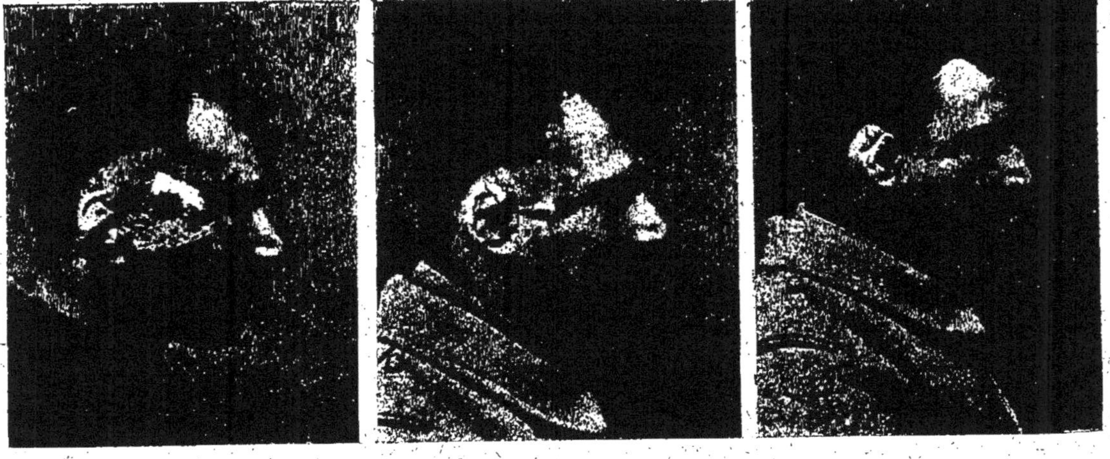

Restauration du pavillon de l'oreille par le Professeur MOURE

prit seul la direction de tous les services officiellement créés, intéressant les blessés de la face de la 18e région. Il organisa en même temps des ateliers de **photographie, stéréoscopie, dessins** *et* **moulages,** *où il fit reproduire les différents stades des opérations.*

Une branche nouvelle de la chirurgie était créée, ou du moins prenait une telle extension qu'il était utile, pour l'enseignement futur des étudiants, d'en fixer toute la technique opératoire dans ses moindres détails. C'était d'autant plus important que, tout en reconnaissant le mérite des études faites dans ce sens par les autres Facultés de France, il est juste d'indiquer que la Faculté de Bordeaux a pris dans la chirurgie faciale une place particulière, en ce qu'elle a cherché non seulement la guérison des plaies extérieures du visage, mais aussi la guérison intégrale des fonctions des cavités naturelles (fosses nasales, bouche, oreille).

C'est pour atteindre ce but que furent adjoints au Centre de stomatologie dirigé par le Dr **Herpin,** *de nombreux prothésistes devant appareiller les blessés. Ce fut surtout M.* **Huguet** *qui s'ingénia à créer, pour chaque cas particulier, les appareils spéciaux permettant la reconstitution intégrale des fonctions par la mise en bonne position des mâchoires et de la charpente du nez.*

Le professeur Moure a donné à cette chirurgie sa marque personnelle en instituant, dans le **relèvement des cicatrices de la face,** *son procédé de* **matelassage** *(matelas formé par les tissus profonds environnants, osseux ou mous), qui a pu reconstituer aussi complètement que possible la symétrie du visage.*

Il a pu également obtenir la **restauration du pavillon de l'oreille,** *si difficile à réaliser, que beaucoup d'écoles ne croyant pas pouvoir aboutir à un résultat convenable, faisaient faire pour ces blessés des pavillons prothétiques (en celluloïd ou en métal) dont les inconvénients étaient nombreux. Pour une région faciale si tourmentée comme surface (creux, bordure, ourlets, etc., et pour des tissus cicatriciels difficiles à traiter, il fallait trouver une technique opératoire spéciale. Par sa méthode de* **plissement des lambeaux cutanés,** *le professeur Moure, avec une instrumentation qu'il a créée, est arrivé à redonner, autant qu'il était possible de le faire, l'aspect à peu près normal aux pavillons déchiquetés.*

De nombreux spécialistes se sont élevés à son école, assurant dans l'avenir les progrès de cette science nouvelle.

Le résultat de ces interventions était tel qu'en 1918 fut décidé

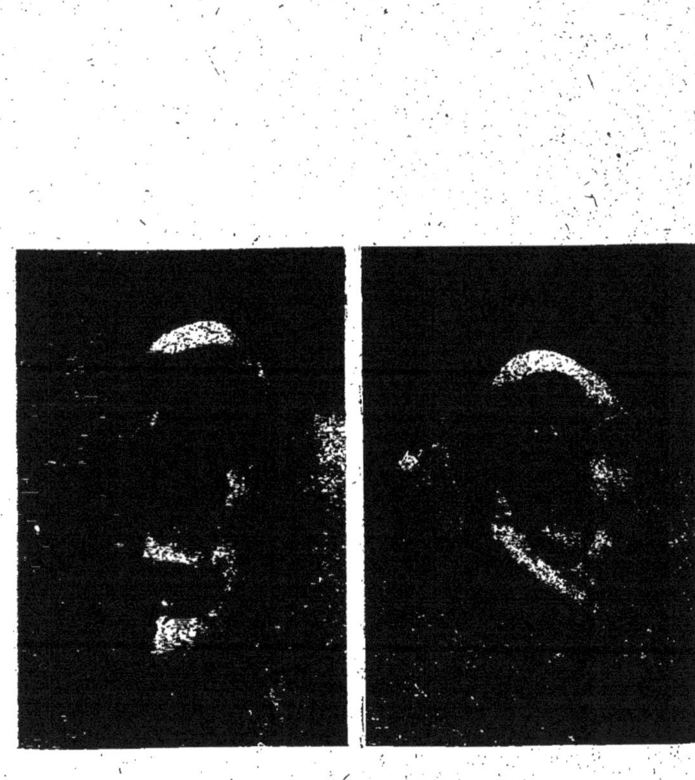

Restauration du pavillon de l'oreille
par le Professeur MOURE

l'envoi **sur le front** *d'une* **équipe de chirurgie plastique et de prothèse maxillo-faciale de la 18e région.** *Placée sous la direction de M. le médecin-major* **Athané**, *chef de l'équipe, elle comprenait le médecin-major* **Rozier** *et des dentistes militaires, MM.* **Huguet** *et* **Zimmerman.**

Opérant près des lignes, cette équipe put, dès les premières heures, traiter les blessés de la face par la **méthode conservatrice.** *La chirurgie plastique doit en effet, dès le début, étudier le blessé en pensant immédiatement au but esthétique à atteindre. La plus petite partie des fragments osseux, ou mous, a une telle valeur pour mener à bien une plastique future que, dès la première intervention, le chirurgien doit, par le choix des tissus à conserver et leur orientation, prévoir l'évolution complète de la reconstitution cherchée.*

Aussi, dans cette équipe, les blessures de la face et les fractures de ses os, soignées et immobilisées le plus tôt possible après le traumatisme, évoluaient favorablement et rapidement. L'appareillage précoce des fragments et leur maintien en bonne position donnait le meilleur engrènement, clef de la mastication, et évitait les nombreuses pseudarthroses et consolidations vicieuses constatées partout dans les centres hospitaliers.

* * *

Chacun des documents présentés dans cette Section étant accompagné d'une notice explicative, il est inutile d'en donner la liste détaillée dans ce Catalogue. MM. **Wlérick, Chrétien, Hairon,** *sculpteurs, ont réalisé les moulages et cires documentaires; MM.* **Dupas** *et* **Guindet** *les dessins et aquarelles, et les photographies et stéréoscopies ont été faites par M.* **Séréni.**

MAISON FONDÉE EN 1785

SERVAN

Joaillier - Orfèvre

Place Gambetta
BORDEAUX

Place de la Mairie
BIARRITZ

AU SPECTRE SOLAIRE

Maison Renault-Laureilhe
FONDÉE EN 1827

L. BONNAL & LARRAMENDY
SUCCESSEURS

Grand Assortiment de Couleurs et Vernis

Rue Dauphine
10-12-14
Rue des Glacières
— 14 —

ARTICLES
POUR LA PEINTURE A L'HUILE
LA GOUACHE, LE PASTEL
LE DESSIN, LA SCULPTURE
Cuir repoussé — Pyrogravure
et Porcelaine
Vente et Locations de Modèles
et toutes Fournitures pour Artistes

USINE A VAPEUR
Chemin de Doumerc
95 à 105
Bordeaux-St-Augustin
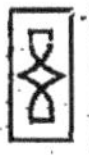

BOITES COMPLÈTES POUR AMATEURS
Produits chimiques pour les Arts et l'Industrie
PRODUITS PHOTOGRAPHIQUES

TÉLÉPHONE 444 — LIVRAISON A DOMICILE — TÉLÉPHONE 444

Ameublements

C.-F. PLAZANET

Maison fondée en 1849

17-18, place Pey-Berland, 17-18

BORDEAUX

Téléphone 14-98

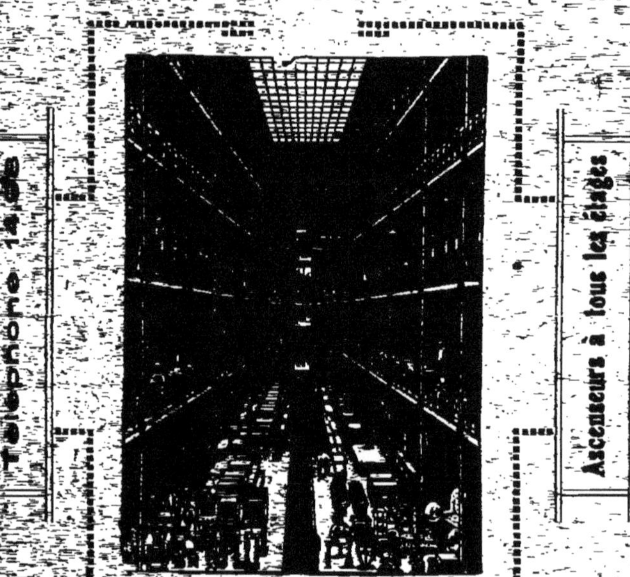

Ascenseurs à tous les étages

MEUBLES | ***TENTURES***

SIÈGES | ***LITERIE***

DEUXIÈME SECTION

TRAVAUX DES MUTILÉS DE LA 18e RÉGION

LE

JOUET ARTISTIQUE FRANÇAIS

Rue Naujac, 27 bis, Bordeaux

C'est pour donner un métier aux blessés de la guerre qu'a été organisé, à l'École de Rééducation des Mutilés de la guerre, l'Atelier des Jouets où ils font leur apprentissage. Cette fabrique, dirigée au point de vue artistique par le peintre militaire Job et fondée par Mme Prom (en mars 1917), a pour but de lutter contre la camelote allemande, de créer et de répandre un jouet de caractère bien français, spirituel et vivant, et d'encourager ceux qui, au prix de leur sang, ont sauvé la Patrie.

Après la série complète des troupes alliées, petites figures de bois découpé et soigneusement peint, donnant tous les mouvements de la vie, et qui formeront une précieuse collection documentaire pour l'avenir, la fabrique de la rue Naujac a créé et continuera à créer d'autres modèles de jouets absolument inédits (boutiques, magasins, marchés, etc.).

Jouet Artistique Français
Le Permissionnaire (dessiné par JOB).

LE

JOUET ARTISTIQUE FRANÇAIS

Rue Naujac, 27 bis, Bordeaux

NOMENCLATURE DES JOUETS EXPOSÉS

---

1. Le calendrier de la Victoire.
2. Le maréchal Joffre.
3. Le maréchal Foch.
4. Clémenceau.
5. Groupe mitrailleurs.
6. Groupe brancardiers.
7. Groupe cuistots.
8. L'officier français.
9. Le porte-drapeau.
10. L'aumônier.
11. Le fantassin.
12. Le clairon.
13. Le Sénégalais.
14. Le soldat américain en veste.
15. Le soldat américain en capote.
16. Le permissionnaire.
17. L'officier américain.
18. Le marin.
19. Le soldat anglais.
20. Le fusilier marin.
21. L'Ecossais.
22. Le coupe-papier américain.
23. Le cadre français.
24. Le cadre américain.
25. Le cadre anglais.
26. Le coupe-papier français.
27. L'ouvre-lettres «le poilu»
28. La règle.
29. La voiture à âne
30. L'arbre.
31. La bergère.
32. Mathurin.
33. Mathurine avec parapluie.
34. Mathurine avec paniers d'œufs.
35. Le père Thomas.
36. Pierrot.
37. Pierrette.
38. Toto.
39. Le marché aux fruits.
40. La boucherie.
41. La marchande de poulets.
42. Le cochon.
43. Le chien berger.
44. Le chien sanitaire.
45. La vache.
46. Le veau.
47. L'oie.
48. Le mouton.
49. Le lapin.
50. Zozo.
51. L'officier fusilier-marin.
52. Le porte-drapeau américain.

Quelques jouets du Jouet de France.

LE

JOUET DE FRANCE

Institué
par l'Union Centrale des Arts Décoratifs de Paris
(M. Fr. Carnot, président).

A propos des si intéressantes créations du **Jouet de France,** *au cours d'un article paru dans l'*Art français moderne, *une Américaine, Mrs. Wharton, écrivait :*

« L'Amérique doit accueillir à bras ouverts cette nouvelle armée *d'enfants, cette croisade qui vient conquérir les « nurseries » de l'Ouest, restées si longtemps aux mains des infidèles. » Et M. Gouverneur Morris adressait dès* 1915 *dans le* New York Times *un touchant appel aux enfants américains en faveur du* **Jouet de France**: *« En même temps, disait-il, que vous regarderez et admirerez, essayez de vous représenter en imagination le peuple qui a fait ces jouets avec ses mains adroites et qui les a peints si habilement : on y compte des enfants, pas plus vieux que vous, qui aident à faire quelques-uns de ces joujoux, des enfants dont les pères vont à la guerre et reviennent chez eux aveugles ou sans mains, — ou qui n'y reviendront jamais ; on y compte des mères qui n'ont plus de fils maintenant pour prendre soin d'elles ; on y compte des fiancées qui ne reverront jamais leurs fiancés. Donc, enfants, demandez des jouets français. Ils sont beaux et ils sont purs : il n'y a pas de sang sur eux. »*

Ce sont là en effet les deux buts atteints par cette œuvre qui a pris une si grande importance : d'une part le **Jouet de France** *a établi des modèles nouveaux, capables de supplanter les jouets d'outre-Rhin qui encombraient les magasins de France et du monde entier, — d'autre part ces jouets, exécutés par des soldats mutilés de la grande guerre ont permis à ceux-ci de reprendre goût à la vie, d'apprendre un nouveau métier rémunérateur quand leurs blessures les empêchaient de continuer leur premier métier. De la beauté, et de la bonté, voici ce que le* **Jouet de France** *a créé.*

LE
JOUET DE FRANCE

Ile de Puteaux (Seine)

NOMENCLATURE DES JOUETS EXPOSÉS

---

1. Roulant.
2. Grande oie.
3. Perroquet.
4. Grand perchoir.
5. Éléphant.
6. Voiture attelée.
7. Rue de Constantinople.
8. Petite salle à manger.
9. Petite chambre à coucher
10. Quille tulipe.
11. Service à thé.
12. Cygne.
13. Poule chariot.
14. Cheval au galop.
15. Cheval fauteuil.
16. Grand train complet.
17. Grand cuirassé.
18. Croiseur.
19. Petit cuirassé.
20. Grand buffet garni.
21. Table.
22. Banc rectangulaire.
23. Canard (**offert à la tombola**).
24. Grand fauteuil.
25. Petit fauteuil.
26. Étagère.
27. Manège de poules.
28. Poule picorante
29. Camion-auto.
30. Grande armoire.
31. Grande toilette.
32. Lit.
33. Pouf.

ŒUVRES

DES ARTISTES MOBILISÉS

Mlle BENDALL
Une rue à Saint-Macaire.

Automobiles Georges ROY

BORDEAUX

TÉLÉPHONE 24.24

Bureaux, Magasins de Vente :
13, boul. de Caudéran

Usine de Construction :
2 à 24, rue Hanappier

Modèle 8/10 HP, 4 Cylindres

Voiture classée première dans le Rallye Automobile St-Sébastien ; 43 partants, 1.350 kil.

Cette voiture fait du **65** en palier, consomme **9** lit. aux 100 kil. et monte les côtes à très vive allure.

Modèle 12 HP, 4 Cylindres, 4 vitesses.

Tour de France Automobile **5.000** kil. : 2 voitures eng., **2** voitures primées sans aucun point de pénalisation.

TROISIÈME SECTION

ŒUVRES

DES ARTISTES MOBILISÉS AU CENTRE D'OTO-RHINO-LARYNGOLOGIE ET DE CHIRURGIE MAXILLO-FACIALE

Mlle BENDALL (Mildred)

Adresse militaire : Hôpital auxiliaire 201, Bordeaux.
— civile : Rue de Tivoli, 15, Bordeaux.

1.	Nature morte,	peinture.
2.	Roses (cadre ancien),	Id.
3.	Bayonne. Fontaine Saint-Léon.	Id.
4.	Saint-Macaire. Rue d'Aulède,	Id.
5.	Saint-Macaire. Vieille maison,	Id.
6.	Saint-Macaire. Une rue,	Id.
7.	Un coin du vieux Bayonne,	Id.
8.	Arcachon. Pins au bord du bassin,	Id.
9.	Bordeaux. Les quais,	Id.
10.	Arcachon. Temps gris,	Id.
11.	Reflets en automne,	Id.
12.	Capucines,	Id.
13.	Fleurs,	Id.
14.	Roses (**offert à la tombola**),	Id.

Eugène BOURGOUIN
Une Coupe d'Aviation.

BOURGOUIN (Eugène)

Adresse militaire : Hôpital auxiliaire 201, Bordeaux.
— civile : Rue de Vaugirard, 195, Paris (XVe).

A. — Art Décoratif (Orfèvrerie).

15. Une vitrine contenant :
Une Coupe d'aviation.

16. Une vitrine contenant :
La Couronne du Sacré Cœur.

17. Une vitrine contenant :
Un calice (**Musée des Arts Décoratifs de Paris**) et une patène où s'inscrit une face de la Vierge.

18. Une vitrine contenant :
Un calice où s'inscrit un profil de tête de Christ (**Musée des Arts Décoratifs de Paris**).

19. Un ensemble de modèles pour la décoration d'un intérieur moderne comprenant : entrées de serrures, crémones, poignée de porte, bouton fixe (**Musée des Arts Décoratifs de Paris**), etc.

20. Une lampe électrique ; (verrerie de Daum).

21. Une paire de chenêts ; (bronze et grès).

B. — Sculpture (Bas-reliefs).

22. Une vitrine contenant :
    Une plaquette en bronze doré, *Liberté* (composée en mémoire des prisonniers de la guerre).

23. Marthe et Marie; plâtre (**offert à la tombola**).

24. La porte du tabernacle; (bronze doré).

25. Pierre tombale; (moulage pris sur pierre).

C. — Plaquettes.

26. Portrait de M. B..., médecin inspecteur, directeur du Service de Santé de la 18e région; bronze.
    (Appartient à M. Bergasse.)

27. Portrait de M. le professeur M...; bronze.
    (Appartient à M. le Professeur Moure.)

28. Portrait de M. B..., maire de La Flèche; bronze.
    (Appartient à M. Bucquin.)

29. Portrait de M. le commandant M...; bronze.

D. — Bustes.

30. Buste du colonel G...; terre peinte à la cire.

31. Buste de Mlle R. J...; marbre.

32. Buste de M. P. S...; terre cuite.
    (Appartient à Mme Sturgès-Morgan.)

33. Buste de M. M..., maire de la ville de Troyes; bronze.
    (Appartient à M. Michel.)

USINE DE SAINT-CHRISTOLY-DE-MÉDOC

Usine spécialement installée pour la fabrication des produits anticryptogamiques de la vigne

Produits Chimiques Agricoles

Th. SKAWINSKI

38, cours du Chapeau-Rouge, BORDEAUX

VUE DE L'USINE DE SAINT-CHRISTOLY-DE-MÉDOC

L'ÉTOILE Poudre Médocaine

pour Bouillie bordelaise instantanée

MILDIOU

OIDIUM

BROWN-ROT

CARBONARIUS pour la peinture et la Conservation du bois

SOUFRES SKAWINSKI, au sulfate de cuivre

THE INDIA RUBBER GUTTA PERCHA
& TELEGRAPH WORKS Co (LIMITED)

Pneu le " PERSAN "

VÉLOS — MOTOS — AUTOS

PARIS, 97, boul. Sébastopol - PERSAN

USINES :

PERSAN (S.-et-Oise) ; SILVERTOWN

Vêtements pour Hommes et

Caoutchouc Industriel

Câbles et Fils électri

Accessoires pour Vélos et Aut

Le " PERSAN " Type Lourd

TUYAUX : Eaux, Gaz, Vins, Sulfatage

AGENCE DE BORDEAUX, 59, rue Porte-Dijeaux, 59

TÉLÉPHONE 29.00

EUGÈNE BOURGOUIN

Marthe et Marie (bas-relief.)

34. Buste du sculpteur M. P...; bronze.
(Appartient à Mme Péneau.)

35. Buste de Mme la comtesse de G...; marbre.

36. Buste de M. E. L..., conseiller à la Cour des comptes; bronze.
(Appartient à M. Labeyrie.)

37. Buste de Mlle M. G. V...; marbre.

38. Buste de Mme L...; pierre.

E. — Figures d'expression.

39. Ondine; tête en marbre (**Musée du Luxembourg**).

40. Diane; buste en bronze.

41. Dernier soupir; masque en bronze.

42. Masque mort; bronze.
(Appartient à M. Lelée.)

F. — Statues et Statuettes.

43. Sonia; bronze.
(Appartient à M. Lelée.)

44. «La prière»; tête en bronze.

45. L'amour meurtri; étude en plâtre.

46. Mlle M. L. B...; terre cuite peinte.
(Appartient à Mme Bosviel.)

47. Marie-Madeleine; terre cuite peinte.

48. Le vol plané; bronze.

49. Fleur brisée; bronze argenté.

50. Excelsior : une vitrine contenant une première esquisse pour la coupe d'aviation.

(Appartient à Miss Davies.)

51. Désespérance; statuette en bronze (**appartient au Musée du Luxembourg**).

52. Désespoir; marbre bleu turquin.

53. L'Étreinte; groupe en marbre.

54. Le Souvenir; moulage en plâtre pris sur une statue en pierre.

(Appartenant à Mme Ray.)

55. Étude de nu pour une statue drapée, plâtre.

BIBLIOTHÈQUE NATIONALE IMPRIMÉS

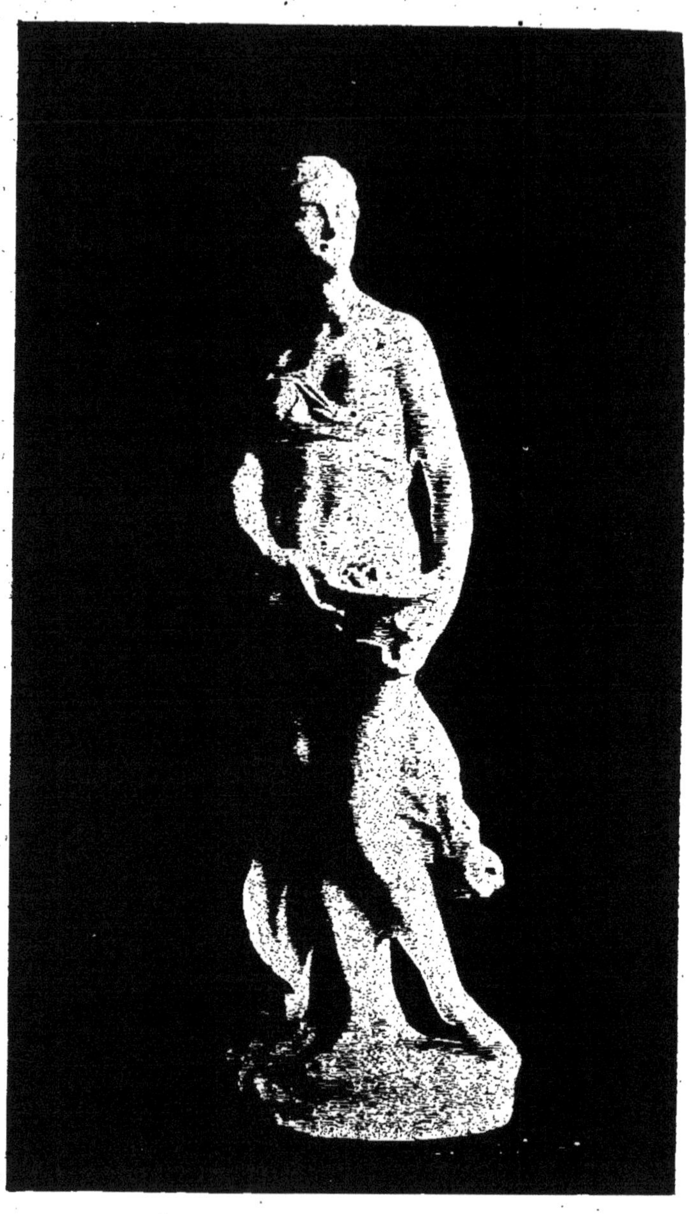

Edmond CHRÉTIEN
Flore (marbre.)

CHRÉTIEN (EDMOND)

Adresses civiles : Rue Bardineau, 2, Bordeaux.
— — Avenue du Maine, 52, Paris.
— militaire : Service d'Oto-Rhino-Laryngologie,
(Saint-André) Bordeaux.

---

56. Buste de mon père; terre cuite.
57. Buste d'enfant; plâtre.
58. Flore; marbre.
59. Faune; marbre.
60. Sapho; bas-relief marbre.
61. Aveugle; plâtre (**offert à la tombola**).

JEAN DUPAS
Le Cheval blanc (peinture).

DUPAS (Jean)

Adresse militaire : Hôpital auxiliaire 201, Bordeaux.
— civile : Cours Journu-Aubert, 16, Bordeaux.

---

62. La danseuse (**offert à la tombola**); peinture.
63. Le jeune homme à la pomme; Id.
(Appartient à Mlle Descrières.)

64. Le matin; Id.
65. Souvenir d'Italie; Id.
(Appartient à M. le Docteur Leduc.)

66. Le cheval blanc; Id.
(Appartient à M. le Professeur E. J. Moure.)

67. Les oiseaux blancs et les oiseaux noirs; Id.
(Appartient à Mme Plault.)

68. Jeunes filles; Id.
69. Jeux; Id.
70. Le retour; Id.
71. Les arcades de fleurs; Id.
(Appartient à M. André Jeanneau.)

71 bis. Portrait de M. le Professeur Moure; Id
(Cadre, par Ch. Hairon.)

GUEIT

Adresse militaire : Hôpital auxiliaire 201, Bordeaux.

Peinture
(offert à la tombola).

Mme GUINDET
Nature morte (aquarelle).

Avant chaque repas

prenez un

KINA MICHELOT

Voilà l'apéritif utile à votre santé
pour activer votre appétit

et

éviter ainsi la **Grippe espagnole**

Garçon :

un

MICHELOT !..

EXPORTATION — LIVRAISON RAPIDE

MANUFACTURE

CAOUTCHOUC ANGLAIS

MAISONS : A PARIS ET A LONDRES

Pour toutes applications

Adr. télégraphique : Delpy, 6, Intendance BORDEAUX

J. DELPY, 6, cours de l'Intendance, Bordeaux

Maison fondée en 1875

TÉLÉPHONE 1128

GROS DÉTAIL

TÉLÉPHONE 1128

SPÉCIALITÉ DE

VÊTEMENTS IMPERMÉABLES

pour dames, enfants, civils, militaires, cyclistes, automobilistes, etc.

Vestons, pèlerines, ponchos, tabliers cheval, couvre-képis, etc
Nouveautés pour dames.

SPÉCIALITÉ D'ARTICLES POUR HOPITAUX (Gants, drains, etc.)

APPAREILS POUR CONVALESCENTS
Extenseurs, Développeurs, Sandow, etc.

CHAUSSURES CAOUTCHOUC (CHAUSSETTES, BOTTES, BAS, ETC.)

ARTICLES DE SPORT (filets, raquettes, balles, etc.)

TUBS ET OREILLERS DE VOYAGE Couvertures de siège, Tapis caoutchouc	**Articles Techniques** pour l'industrie
Appareils, Coussins Caoutchouc Articles pour malades	**Clapets, joints, rondelles, etc.**
DRAP GARANTI IMPERMÉABLE pour lits et berceaux	**Tuyaux pour Pompes** Gaz, acides, vins, etc. CATALOGUE FRANCO SUR DEMANDE

SPÉCIALITÉ DE TUYAUX D'ARROSAGE

(tous les diamètres en stock)

Mme GUINDET (Lucie)

Adresses : Service de Stomatologie, 18e région, Bordeaux.
— Impasse des Tanneries, 29, Bordeaux.

---

72. Entrée du Jardin Public (**offert à la tombola**); aquarelle.
73. Vue du Jardin Public; Id.
74. Les deux pins; Id.
75. Sous la véranda; Id.
76. Nature morte; Id.
77. L'étagère; Id.
78. Les fruits; Id.

ALBERT GUINDET

Contis-les-Bains (peinture).

GUINDET (Albert)

Adresse militaire : Service de Stomatologie, 18e région, Bordeaux.
— civile : Impasse des Tanneries, 29, Bordeaux.

---

79. L'oasis; peinture.
80. Rue à Gafsa (Tunisie); Id.
81. Les marronniers en fleurs; Id.
82. Le minaret; Id.
83. La montagne rouge; Id.
84. Café maure; Id.
85. Nature morte exotique; Id.
86. Campagne siennoise; Id.
87. Le clocher à travers les arbres; Id.
88. Coin d'oasis; Id.
89. L'arbre au soleil; Id.
90. Fruits sur la table; Id.
91. Nature morte au pichet bleu; Id.
92. La bouteille noire; Id.
93. Abricotier en fleurs; Id.
94. Bouquets de palmiers; Id.
95. Les palmiers; Id.
96. Contis-les-Bains; Id.
97. Sous les pins à Soulac; Id.
98. Chanteuse de café-concert; Id.
99. Roses dans le pichet blanc; Id.
100. Village de Sidi-Mansour; Id.
101. Effet d'automne; Id.
    (Appartient à M. A. Mousis.)
102. Baigneuse; dessin rehaussé (**offert à la tombola**). Id.

CHARLES HAIRON
Coupe.

TROUSSEAUX, LAYETTES

LINGERIE, BONNETERIE

BLOUSES, COLIFICHETS

MODÈLES EXCLUSIFS

[illegible] Baby - Costumes de Communiantes

[illegible]ette DUPLEIX

12, rue Huguerie

BORDEAUX

Demander toutes les Semaines, dans les Kiosques et Salles de Dépêches

LA

SEMAINE DE BORDEAUX

THÉATRALE

Donnant Les SPECTACLES de la Semaine *du Français-Lyrique, Apollo et des Bouffes.*

Avec les interviews de tous les **Célèbres Artistes** qui défilent sur les Scènes du **Français-Lyrique**, de l'**Apollo** et des **Bouffes**, pendant la brillante saison d'hiver 1918-1919.

BENZO-MOTEUR

LA MEILLEURE ESSENCE POUR AUTOMOBILES

Peintures Artistiques et Industrielles

A. MALBEC

AFFICHES, ENSEIGNES

Décoration, Marmorite, Écussons, Stores, etc.

ENTREPRISE GÉNÉRALE POUR LA PUBLICITÉ

Références de 1er ordre

HORS CONCOURS, MEMBRE DU JURY

Ateliers et Bureaux : **245, rue Malbec**

Téléphone 40.81

TOUS TRAVAUX — **BORDEAUX** — TOUS PRIX

Hôtel Métropole

ANCIEN HOTEL MARIN

2, rue de Condé, et 23, rue Esprit-des-Lois, BORDEAUX

A. ROUHETTE

Appartement avec salle de bains - Chauffage central à eau chaude

Eau courante chaude et froide dans les appartements

SAXOLÉINE

En BIDONS SCELLÉS de 5 litres

HAIRON (Charles)

Adresse militaire : Service de Stomatologie, 18e région, Bordeaux.
— civile : Rue de la Chartreuse, 63, Bordeaux.

---

103. Une vitrine contenant :
Des objets d'art en argent, bronze, bois sculpté, bois précieux incrustés d'argent, d'or et de nacre, bois champlevé et un coupe-papiers (**offert à la tombola**).
104. Deux plateaux en bois incrusté.
105. Vase décoratif terre cuite.
(Appartient à Mme P. Bordeaux.)

106. Panneaux reproduction de travaux de décoration.
107. Panneau échantillon pour décorations d'intérieur.

Fernand LABATH
La chanson du pays (gravure sur bois).

LABATH (FERNAND)

Adresse militaire ; Hôpital auxiliaire 201, Bordeaux.
— civiles : Rue Naujac, 17, Bordeaux.
— — Rue Asseline, 6, Paris (XIVe).

---

108. Le moribond ; gravure sur bois. Épreuve avant la lettre. Édition d'Alignan (rue Aubert, 10, Paris).
109. La misère, Id. id.
110. La lutte pour la vie, Id. id.
111. La chanson du pays, Id. id. (**offert à la tombola**).
112. Le lazaret, Id. id.
113. Une relève en Champagne, Id. id.
114. Jour de victoire ; dessin pour gravure sur bois.
115. Intérieur de lazaret en Allemagne, id.

115bis. Musique champêtre ; dessin pour un programme.

115ter. La lutte pour la vie ; dessin original pour gravure sur bois.

Léo LELÉE

Portrait de fillette (dessin).

Maison spéciale de Tissus

Téléphone 24.70 — **Fondée en 1875** — Téléphone 24.70

E. SOUBES Jeune

16-18-20, rue des Herbes
8-10, rue Ravez, et 9-11-13, rue du Vieux-Marché

SEULE ENTRÉE : RUE RAVEZ

BORDEAUX

Le succès toujours croissant de la Maison **E. SOUBES Jeune** est dû à sa spécialité.

Elle ne vend que du Tissu, rien que du Tissu

APERÇU :

Haute nouveauté en Soieries, Velours et Lainages
Étoffes noires et couleurs pour robes
Draperie pour Hommes et Garçonnets, Toile, Calicot, Mouchoirs
Linge de table, Rideaux, etc.

ÉTOFFES SPÉCIALES POUR BONNES ŒUVRES

Envoi franco d'Échantillons et de Marchandises
Au-dessus de 25 francs

E. SOUBES Jeune

Entrée : rue Ravez, 8-10

Maison spéciale de Tissus

DEMANDEZ

dans tous les Cafés

UN

AMER HONORÉ

FABRIQUÉ PAR

HONORÉ PICON

BORDEAUX

MAISON FONDÉE EN 1916

oooo MAISON HONORÉ PICON oooo

USINE ET BUREAUX : 11, RUE POITEVIN

TÉLÉPHONE : 42.97 — EXPORTATION

LELÉE (Léo)

Adresse militaire : Hôpital auxiliaire 201, Bordeaux.
— civile : Rond-Point des Arènes, 10, Arles-en-Provence (B.-du-R.)

116. Femme en noir; fusain.
117. Femme en noir; fusain.
118. Arlésienne en « cravate »; dessin.
119. Vieille bohémienne; dessin.
120. Jeune bohémienne; dessin.
121. Femme debout; dessin.
122. Femme assise; dessin.
123. Jeune femme souriant; dessin.
124. Le chemineau; dessin.
125. Le champagne; dessin.
126. Brune et blonde; dessin.
127. Jeune fille en robe bleue; dessin.
(Appartient à M. E. Bourgouin.)
128. Le sculpteur; dessin.
129. La chanteuse; dessin.
130. Un blessé; dessin.
131. L'odorat; dessin.
132. Le modèle; dessin.
133. Femme en robe violette; dessin.
134. La cigarette; dessin.
135. Portrait d'homme; dessin.
136. Mort et vie; dessin.
137. La neige à Troyes; dessin.
138. Jeune fille; dessin.
139. Jeune femme au peignoir; dessin.
140. Jeune fille assise; dessin.
141. Portrait d'homme; fusain.
142. Les cheveux blonds; dessin.
143. Étude d'enfant; dessin (**offert à la tombola**).
144. Jeune femme assise; dessin.
145. Portrait de fillette; dessin.

Léo LELÉE

En attendant l'autre corvée (dessin).

146. Portrait d'homme; dessin.
(Appartient à M. Bergé.)

147. Les deux enfants; dessin.
148. Les vaisseaux camouflés; dessin.
149. Au Jardin Public; dessin.
150. Le pont au Jardin Public; dessin.
151. Un bateau camouflé; dessin.
152. Blessés à l'hôpital 201; dessin.
153. Le pavillon dans le parc à l'hôpital 201; dessin.
154. Chargement du charbon sur les quais; dessin.
155. Portrait de Mlle D. P.
(Appartient à Mme Poron.)

156. Croquis de guerre (en première ligne).
(Appartient à M. E. Bourgouin.)

157. Croquis de guerre (en première ligne).
(Appartient à M. le Docteur Athané.)

158. Jeune femme; dessin.
158 bis. Jeune femme souriant; dessin.
159. Le Parc, à l'Hôpital 201; dessin.
160 à 171. Dessins d'un fantassin combattant (exécutés en première ligne).
(Appartiennent à l'auteur.)

172. L'entrée du boyau d'écoute (dessin de première ligne).
(Appartient à M. E. Bourgouin.)

173 à 181. Nocturnes de guerre; aquarelles.
(Appartiennent à l'auteur.)

182. La boue aux créneaux; aquarelle et crayon.
183. La sieste près du front; aquarelle.
184. Le poste de secours; aquarelle.
185. Devant Beauséjour. La cuisine; aquarelle.
186. Ceux de la Somme; dessin.
187. Le blessé; dessin.
188. Territorial et bleuet; aquarelle.
189. Les morts au front; lithographie.
190. Verdun; lithographie.
191. Poilu debout; lithographie.
192. Poilu assis; lithographie.

Robert WLERICK
Pénélope (plâtre).

LA CLÉ [illegible]

Cette nouvelle clé ouvre avec la plus grande facilité et sans effort les boîtes de conserves de toutes dimensions, pourvues de languette, ainsi que les boîtes à bande.

ELLE SERT INDÉFINIMENT

Pour s'en servir utilement voici comment il faut opérer :

Après avoir introduit la languette dans la fente qui existe au milieu de la clé, tirez celle-ci un peu à soi de façon à faire **serrer** la languette dans le commencement de la partie torsadée de la clé, à peu près à l'endroit indiqué par la flèche sur la gravure ci-dessus ; de cette façon **elle ne glisse jamais.**

Après l'enroulement du couvercle, il suffit de saisir cette partie enroulée de la main gauche, avec un linge ou un papier, et de faire, tenant la clé de la main droite, 2 ou 3 tours en sens inverse afin de lui donner du jeu, ce qui permet ainsi de la retirer aisément.

EN VENTE dans toutes les Épiceries, Charcuteries, Comestibles, etc.

POUR LA VENTE EN GROS :

ALEXANDRE, 25, rue Labirat, BORDEAUX

HERBORISTERIE MODERNE

Rue Sainte-Catherine, 269

(près la place de la Victoire)

BORDEAUX

PLANTES INDIGÈNES et ÉTRANGÈRES

de premier choix

ACCESSOIRES, LAVEURS

CAOUTCHOUC, etc.

PARFUMERIE

DES GRANDES MARQUES

WLÉRICK (ROBERT)

Adresse militaire : Hôpital auxiliaire 201, Bordeaux.
— civile : Rue François-Guibert, 12, Paris (XVe).

---

193. Tête de fillette; marbre.
194. Tête de fillette; bronze.
195. Portrait du peintre Laluvein; plâtre.
196. Pénélope; tête en plâtre.
197. Portrait de femme.
198. Tête d'enfant (**offert à la tombola**).
199. Un mutilé.

QUATRIÈME SECTION

TOMBOLA

AU PROFIT DES MUTILÉS DE LA FACE

Cette Tombola, dont les billets sont en vente pendant toute la durée de l'Exposition, aura comme lots une importante série d'œuvres d'art offertes par les exposants : **Mlle M. Bendall** *et* **Mme Guindet; MM. Bourgouin, Chrétien, Dupas, Guindet, Gueit, Hairon, Labath, Lelée** *et* **Wlérick.**

Il faut, d'autre part, louer sans réserve la générosité des artistes bordelais qui, non mobilisés, ne pouvaient exposer, mais ont tenu à participer largement à la réussite de la Tombola par l'envoi des œuvres que le public pourra contempler à l'Exposition et qui sont signées de **Mlles Guerry** *et* **Tourré; MM. Cabié, Carme, Delarue, Dosque, Gauthier, Lailhaca** *et* **Roganeau.**

La **Société des Amis des Arts de Bordeaux** *doit enfin être remerciée tout particulièrement pour l'amabilité avec laquelle elle a mis à la disposition des organisateurs le matériel d'installation avec lequel elle avait si brillamment présenté sa récente exposition.*

ŒUVRES

OFFERTES PAR LES ARTISTES SUIVANTS :

(non mobilisés) pour la **Tombola**
au profit des Mutilés de la face

CABIÉ (Louis).
Rue de Grassi, 24 bis, Bordeaux.

199bis Bords de l'île à Montpon (Dordogne).

CARME (Félix).
Rue du Temps-Passé, 32, Bordeaux.

200. Capucines et cerises; aquarelle.

DOSQUE (Raoul).
Rue Laharpe, 102, Le Bouscat

200bis La pinasse. Soir à la Hume.

GAUTIER (Hubert).
Rue Turenne, 194, Bordeaux.

201. Environs de Carennac (Lot).

F.-M. ROGANEAU.
Étude pour un des pendentifs de la salle du Grand-Théâtre de Bordeaux.

ROGANEAU (François-Maurice).

Rue Tiffonet, 19, Bordeaux.

202. Étude pour un des pendentifs de la salle du Grand-Théâtre de Bordeaux; dessin.

Mlle GUERRY (Denise).

Rue de la Benauge, 226, Bordeaux-Bastide.

203. Nature morte; peinture à l'huile.

S. LAILHACA

Rue Bara, 3, Paris.

204. Le Parc ; peinture à l'huile.

Mlle TOURRÉ (Germaine).

Cours Victor-Hugo, 128, Bordeaux.

204. Nature morte; peinture à l'huile.

BIBLIOTHÈQUE NATIONALE IMPRIMÉS

BORDEAUX
IMPRIMERIES GOUNOUILHOU, RUE GUIRAUDE, 9-11.

VINS DE BOURGOGNE

BOUCHARD Père & Fils

PROPRIÉTAIRES ET NÉGOCIANTS

à BEAUNE (Côte-d'Or)

Depuis 1731

Même Maison à BORDEAUX, rue Turenne, 117 à 127

Depuis 1851

Téléphone 454

GRANDS VINS DE CHAMPAGNE

PÉRINET & FILS

MAISON

BOUCHARD Père & Fils

A REIMS

10, Rue Saint-Hilaire, 10

A BORDEAUX

Rue Turenne, 117 à 127

DE SOULAC

Le BÉNÉDICTIN de SOULAC (ELIXIR, POUDRE, PATE OU SAVON) est le Seul Dentifrice dont les qualités hygiéniques soient absolument appropriées aux soins de la bouche. Il donne à la denture une blancheur éclatante et tonifie les gencives.

Il faut rejeter impitoyablement tous les composés chimiques qui n'offrent aucune sécurité pour faire exclusivement usage du Bénédictin qui est absolument sans danger.

Le BÉNÉDICTIN est un produit français universellement adopté.

Bordeaux. — Imprimeries Gounouilhou, rue Guiraude, ...

BIBLIOTHEQUE NATIONALE DE FRANCE
3 7511 00160291 4

www.ingramcontent.com/pod-product-compliance
Ingram Content Group UK Ltd.
Pitfield, Milton Keynes, MK11 3LW, UK
UKHW020419230726
13925UKWH00004B/1531

9 782014 450446